# ÉLOGE

DE

# M^R. TRONCHET.

# ÉLOGE

DE

# M^R^. TRONCHET,

SÉNATEUR, GRAND OFFICIER DE LA LÉGION D'HONNEUR,

ANCIEN PREMIER PRÉSIDENT DE LA COUR DE CASSATION,

ANCIEN AVOCAT AU PARLEMENT DE PARIS,

ET DERNIER BATONNIER DE L'ORDRE DES AVOCATS;



Prononcé le lundi 14 avril 1806, dans la Bibliothèque du Lycée Charlemagne, après le Service que Messieurs les Avocats ont fait célébrer en l'Eglise de Saint-Paul; en présence de S. A. S. Monseigneur le Prince Archi-Chancelier de l'Empire, etc., etc.

PAR M. DELAMALLE.

PARIS.

DE L'IMPRIMERIE DE DELANCE.

# ÉLOGE

## DE

# M[R]. TRONCHET.

---

MONSEIGNEUR,

MESSIEURS

ET MES CHERS CONFRÈRES.

Après les honneurs rendus au nom de la Patrie à notre illustre Confrère, Législateur et Sénateur, il nous appartenoit de nous emparer de sa mémoire, et de joindre nos hommages et l'accent de nos regrets aux témoignages éclatans de la reconnoissance publique.

M. Tronchet fut à nous; c'est parmi

nous qu'il a été choisi pour être élevé aux postes éminens qu'il a successivement occupés avec tant de distinction.

M. Tronchet dut son élévation à la renommée qu'il s'étoit acquise au Barreau; il nous sied donc de dire par quelles qualités il y brilla; et puisque les facultés qu'il y développa le firent juger propre aux plus importantes comme aux plus difficiles fonctions dans l'État, l'honneur en rejaillit sur notre profession, et la gloire de M. Tronchet est pour nous un bien de famille.

Qu'il nous soit d'ailleurs permis de dire, que si M. Tronchet répandit un grand éclat sur cette profession, par ses puissans moyens et ses rares talens, il y trouva aussi de quoi les nourrir et les fortifier par de beaux exemples, et par les principes et les idées libérales qui la distinguent.

François-Denis TRONCHET naquit à Paris en 1726. Son père fut recommandable parmi les procureurs au Parlement. Il destina de bonne heure son fils à la profession d'avocat.

Né avec un esprit attentif, pénétrant, et curieux d'apprendre, le jeune Tronchet se livra à l'étude avec ardeur, et fit de rapides progrès.

Nous ne le suivrons pas, Messieurs, dans les travaux de sa jeunesse et dans les succès des écoles : lorsque la société a recueilli tous les fruits, ce n'est pas le moment de s'arrêter aux espérances : l'éducation est la jouissance et l'honneur des pères; les talens et les vertus qu'elle développe sont la richesse et la gloire de la Patrie. Rendons grâce aux généreux parens qui secondèrent un heureux naturel; et par les fruits, estimons la semence et la culture.

Il est, Messieurs, des hommes qu'une raison supérieure élève tellement au-dessus des autres, qu'ils dominent partout où ils se montrent, et qu'ils commandent à la fois l'admiration, la confiance et le respect.

Cette raison supérieure fut l'attribut éminent de M. Tronchet; et c'est à ce superbe avantage qu'il dut son empire au Barreau et l'ascendant qu'il prit partout où il fut placé.

Il est rare qu'une âme ferme n'accompagne pas un esprit vigoureux: la force de l'esprit et celle de l'âme ont un principe commun dans cette relation qui existe entre la puissance et la volonté, qui fait vouloir fermement ce que l'on a fortement conçu.

C'est pourquoi M. Tronchet eut une âme ferme et une volonté prononcée.

Mais M. Tronchet fut recommandable encore par des qualités du cœur qui ne se rencontrent pas toujours avec celles dont nous venons de parler; il le fut par la droiture, par la sincérité, par l'amour de la justice.

Tels sont les rapports sous lesquels on doit le reconnoître et l'honorer dans le cours de la longue carrière où il se trouva si diversement employé.

C'est un assez beau champ de l'éloge; et ce champ est utile à parcourir. Vous le savez, Messieurs, l'éloge des Hommes célèbres n'est pas fait seulement pour l'honneur de leur mémoire, mais pour l'utilité de l'exemple.

S'il offre des modèles à la Postérité, il promet aussi des récompenses à ceux qui marcheront sur leurs traces; c'est en même temps un sujet d'admiration et une source d'émulation.

Ce fut dans les plus beaux jours du Barreau que M. Tronchet y commença sa carrière. Dans ce bel âge qui vit et le savant de Laurière et le docte Pothier; où parlèrent Le-Normand, Cochin, Reverseau, Lamonnaie et Gerbier; où vécut l'illustre Daguesseau; où brilla M. Séguier.

L'éloquence et le savoir s'y partageoient l'empire ; l'éloquence, affranchie de ses citations indigestes, de ses faux ornemens et de son mauvais goût, se déployoit pure, noble et nerveuse; la science, enrichie de curieuses recherches, de traités excellens et d'utiles recueils, trésors d'une étude approfondie et d'une expérience consommée, étoit débarrassée d'une multitude de difficultés, de doutes et de controverses.

Lamoignon avoit écrit ses Arrêtés, ouvrage de ses célèbres Conférences; Pothier avoit donné ses Pandectes; Daguesseau ses Ordonnances. Les secours et les exemples abondoient pour la jeunesse; elle se précipitoit en foule aux lieux où l'expérience des Anciens rendoit ses oracles, et les Anciens alloient au-devant d'elle et se faisoient un devoir de l'instruire. Le zèle, l'émulation, l'ardeur éclatoient de toutes parts : cependant une discipline exacte et vigilante faisoit des bons principes et des bonnes mœurs, la noble habitude et le patrimoine sacré des avocats; l'honneur, la considération, la gloire environnoient nos pères et nos maîtres. Beau siècle de ce Barreau, glorieux temps! Nos souvenirs vous signalent! Nos vœux vous rappellent! Et quand tout ce qui fut bien reprend une nouvelle vie, nous ne serons pas seuls sans espérance.

. . . . . . . . . . . . . . . . . . . .

Ce fut là, Messieurs, que M. Tronchet trouva la nourriture qui convenoit à son bon esprit, et les encouragemens dus à ses talens, qui furent bientôt aperçus et distingués.

Aussitôt il eut pour guides et pour appuis les jurisconsultes les plus fameux, MM. Gacon et Bargeton; M. Mallard, ce savant homme, également profond dans le droit romain et dans le droit coûtumier, dont la modestie enveloppa pendant longtemps le mérite supérieur, mais qui s'éleva rapidement au-dessus de tous ses concurrens, et dont les consultations courtes et lumineuses acquirent une grande autorité.

Ce fut lui qui reconnut surtout le mérite de M. Tronchet, et qui s'attacha particulièrement à lui.

Ce fut à cette école que le nouveau jurisconsulte se forma, qu'il connut tout le prix du savoir, qu'il apprit à étudier les lois, à puiser dans les sources, à choisir les modèles, à rédiger avec méthode, précision et clarté.

M. Tronchet plaida peu; il avoit peu d'organe; sa voix n'étoit pas sans accent quand il s'animoit; mais elle manquoit de timbre, et elle étoit voilée.

La puissance de l'organe est, au Barreau, le premier besoin et l'indispensable nécessité de l'orateur; c'est par là qu'on appelle et qu'on soutient l'attention, qu'on attache l'auditoire, qu'on l'émeut et qu'on l'entraîne. Si l'organe est sourd ou s'il est foible, s'il est sans accent et sans inflexions, les succès oratoires y sont bien difficiles; les choses les mieux pensées et les mieux senties, les discours les plus doctes et les mieux écrits perdent leur vertu si proférés avec peine, ils sont péniblement écoutés.

Si M. Tronchet ne put être compté parmi les orateurs, il prit bientôt sa place au rang des meilleurs jurisconsultes et dans les conseils.

Le trésor de la science, l'autorité de la doctrine, le bienfait du conseil étoient un assez beau domaine.

Si la carrière de l'orateur est plus brillante, celle du jurisconsulte est moins agitée; si les jouissances de l'un sont plus vives, celles de l'autre sont plus pures; l'orateur combat, le jurisconsulte gouverne; celui-là vous secoure dans le danger, celui-ci vous en avertit et vous en préserve : sensible, ardent, irascible, l'orateur s'anime, s'irrite, et quelquefois s'égare avec vous; il sent vos peines, il s'unit à vos voeux, il a vos passions; le jurisconsulte ne voit que la loi, ne juge et ne sent que par elle.

Approchez de cet asile silencieux, où le recueillement et la méditation habitent, où l'étude a devancé le jour, où la lampe éclaire encore le travail au milieu de la nuit; c'est un temple que l'amour de la justice a consacré au culte de la loi; c'est le cabinet du jurisconsulte.

Entrez, et dites avec confiance sur vos intérêts les plus chers, sur vos biens les plus précieux, quels sont vos doutes, vos embarras ou vos craintes; déposez vos titres, livrez tous vos secrets; la probité et la fidélité les recevront; la droiture et l'impartialité vous feront les réponses.

Plaideurs de bonne foi, vous serez conciliés! familles divisées, vous serez réunies!

malheureux, vous serez secourus et protégés !

Le jurisconsulte est pour la Société une lumière qui éclaire le livre de la loi ; pour le Législateur un auxiliaire qui avertit des besoins et prépare les réformes ; pour le Gouvernement un utile secours, un ouvrier fidèle.

Et qui peut mieux attester ce que vous êtes, et tout ce que vous pouvez être, respectables jurisconsultes, que le rang qu'occupent aujourd'hui, dans la Magistrature et dans les Conseils, tant d'hommes excellens sortis d'au milieu de vous ! qui l'attestera mieux que la vie entière de M. Tronchet !

Sa réputation ne fit que s'accroître jusqu'au moment où, succédant à ses maîtres, il fut, sans contestation, regardé comme le plus savant et le plus habile de nos jurisconsultes.

Cette supériorité de raison que nous lui reconnoissons pour qualité première, et qui se compose de la pénétration, de la rectitude, et de la force de l'esprit, le faisoit triompher avec une étonnante facilité des questions les plus ardues et les plus compliquées.

A travers l'exposé le plus embarrassé, et les détails les plus nombreux, comme tous les hommes forts, il alloit droit à l'obstacle; il touchoit à l'instant la difficulté, la saisissoit, la dénouoit, et la simplicité de la solution paroissoit un miracle.

Telles étoient ces fameuses réponses de l'École Romaine appelées *Responsa prudentum*, et devenues les lois de l'univers.

Dans l'examen et la controverse des points consultés, parmi ses confrères il s'en pouvoit trouver de plus diserts et de plus abondans que lui; mais ce luxe ne lui en imposoit point; rien ne le détournoit, et ne lui faisoit illusion; il écartoit le superflu, déméloit le faux, et tranchoit dans le vif.

Ses antagonistes pouvoient dire de lui, ce que disoit Démosthènes quand Phocion se levoit pour lui répondre: *voici la hache qui va trancher mes discours.*

M. Tronchet avoit encore cette qualité des esprits supérieurs que, quoiqu'il connût sa force, il n'avoit ni présomption, ni entêtement : un esprit juste ne sauroit en avoir, car il est subjugué par la vérité dès qu'il l'aperçoit; il n'y auroit qu'un puéril amour-propre et une fausse honte qui pussent nous obstiner dans une fausse opinion; ce sentiment impossible à l'avocat, qui doit la vérité et la justice à ceux qui le consultent, l'étoit surtout à M. Tronchet.

Il écoutoit les exposés avec attention et avec patience; je l'ai vu entendre avec constance des mémoires d'une heure de lecture, sur lesquels il ne lui fallut que quelques minutes pour donner son avis et résoudre les difficultés.

Autant il relevoit vivement les faux raisonnemens et reprenoit les erreurs, autant il écoutoit avec soin et avec intérêt ce qui méritoit de l'être; et s'il s'apercevoit qu'il se fût trompé, il en convenoit franchement et sans détour; il avoit trop souvent raison pour que cet aveu, qui l'honoroit encore, pût lui coûter.

Ces qualités précieuses firent rechercher avec empressement les avis de M. Tronchet par le Public et par ses propres confrères; les plus habiles de son temps ne dédaignèrent point de s'éclairer à ce flambeau.

Les avocats chargés de plaider les causes dont il étoit le conseil, trouvoient en lui un solide appui et des ressources infinies.

Et toi aussi! le plus brillant de nos orateurs et le dernier de nos maîtres, Gerbier, tu sus apprécier ce jurisconsulte, tu désiras ses avis, tu le choisis pour second, et tu ne manquas point de nourrir ton éloquence de sa raison : si la réplique de ton adversaire avoit pu t'étonner, tu venois près de lui toucher la terre, et prendre de nouvelles forces pour retourner au combat.

Mais aussi, lorsque tu rendois cette justice au savoir et aux lumières de ton docte confrère, tu recevois de lui comme de tous, l'hommage et l'espèce de culte accordés à ton admirable talent

Ah! puisque des travaux communs, une mutuelle estime, une gloire contemporaine, vous unissent dans nos souvenirs ; orateur enchanteur, chef-d'œuvre de grâces, modèle inimitable de l'action la plus noble et la plus pure ; toi, dont l'ame et le corps sembloient pétris pour l'éloquence ; orateur digne en un mot de la Grèce et de Rome, Gerbier, reçois aussi notre hommage, sur le tombeau d'un émule qui fut digne de ton respect, comme tu l'étois de son admiration.

Disons encore, Messieurs, à la louange de M. Tronchet, qu'il fut exempt d'une foiblesse trop commune, qui fut une tache pour bien des hommes célèbres, et quelquefois pour les plus beaux génies; M. Tronchet ignora la jalousie : le mérite d'autrui ne lui fut point pénible; il aimoit à le reconnoître, et le louoit avec franchise et avec plaisir.

On ne le vit point prendre part aux querelles, aux discordes qui se formèrent dans le Barreau; il n'attaqua, il n'accusa personne.

Lorsque, dans la lutte du Gouvernement avec les Parlemens, ces Cours souveraines tombèrent dans la disgrâce du Prince, et lorsque, sous le ministère du Chancelier de Maupeou, elles furent exilées et comme dissoutes, M. Tronchet cessa toutes fonctions et ferma entièrement son cabinet pendant ce long interrègne.

Le sacrifice étoit grand pour celui que sa réputation mettoit dès lors à la tête des plus célèbres avocats de la capitale; il le fit ce sacrifice, absolu, sans ostentation et sans fanatisme, et parce qu'il le crut de son devoir.

Alors, détournant sa pensée des pertes auxquelles il se résignoit, il chercha de nobles distractions, et sut se rendre utile et doux un loisir forcé. Il cultiva les sciences et les lettres; il en reçut des consolations et des récompenses.

Après le rétablissement des Parlemens, M. Tronchet ne poursuivit point ceux qui ne l'avoient pas imité; il ne leur témoigna ni haine, ni ressentiment, et ne chercha aucune vengeance; au contraire, il se montra du parti de l'indulgence et de la réconciliation.

Les troubles et les orages excités dans l'ordre des avocats, avoient, comme ceux qui se formoient de tous côtés, leur source dans les idées nouvelles, dans un esprit frondeur et insubordonné devenu général, et participoient des mouvemens convulsifs qui se faisoient sentir dans toutes les parties de la chose publique.

Le vice de l'ancienne constitution qui laissoit le pouvoir incertain et flottant entre les Parlemens et le Monarque, s'effaçoit sous un Gouvernement ferme, et sous un ministère habile, mais devenoit fatal dans des temps raisonneurs et licencieux, et sous un Gouvernement dont la foiblesse avoit tous les inconvéniens d'une Régence.

Les combats devenus continuels entre le trône et la magistrature, ne présentèrent plus, à la fin, qu'une lutte déplorable de ces Corps dont la puissance expiroit dans un exil, et d'un Gouvernement qui ne pouvant se résoudre à s'en passer, les rappeloit toujours pour avoir à les renvoyer sans cesse.

Enfin, excité par ses ressentimens, échauffé par des têtes effervescentes, entraîné malgré lui par une impulsion à laquelle il ne fut plus maître de résister, le Parlement de Paris ouvrit les portes de la révolution (1), et donna le signal de cette mêlée où, renversé tout le premier, il devoit le premier être enseveli dans le tombeau de la Monarchie.

C'est à ce moment que M. Tronchet se vit appelé sans l'avoir prévu, et porté sans l'avoir sollicité dans la carrière toute nouvelle où nous avons maintenant à le considérer.

Gerbier venoit de mourir Bâtonnier des avocats, et M. Tronchet lui succédoit, quand la révolution, détruisant l'ordre judiciaire, dispersa le Barreau, dont M. Tronchet fut le dernier chef.

---

(1) La vérité de l'histoire veut que l'on dise que la Grand'Chambre et le Parquet ne partagèrent point les opinions des Chambres des Enquêtes, mais furent subjugués par la majorité.

Les Assemblées primaires furent ouvertes dans Paris pour les élections de députés aux États-Généraux; il paroît que M. Tronchet ne s'y présenta point, puisqu'il ne fut point électeur.

Mais sa réputation le désignoit; et tandis que tant d'autres s'agitoient, formoient des partis et se fatiguoient pour être élus, M. Tronchet absent, le fut sans cabale et sans prôneurs, recommandé par son nom seul; il fut le sixième député de Paris *intra muros*, et l'apprit par la députation qui fut nommée pour aller le lui annoncer.

Il accepta, et se rendit à l'assemblée, où il fut accueilli, dit le procès-verbal, avec les plus vifs applaudissemens.

« L'Assemblée, lui dit le Président, a » été dirigée dans son choix par la con- » noissance qu'elle a de vos vertus et de » vos talens, également nécessaires pour

» l'œuvre du bien public à laquelle vous
» êtes appelé. »

M. Tronchet prit la parole et dit : « Si
» je ne considérois que ce que cette mis-
» sion a d'honorable et de flatteur, je ne
» présumerois pas assez de moi-même pour
» oser l'accepter; mais elle est en même
» temps une dette du citoyen, et le choix
» de l'Assemblée m'impose la loi de m'en
» acquitter et de m'y dévouer tout entier. »

M. Tronchet tint sa promesse, et se dévoua en effet avec un zèle infatigable à des travaux multipliés que les circonstances rendirent si difficiles.

Dès qu'il parut à l'Assemblée Constituante il y marqua sa place, et y tint le rang que ses lumières et sa capacité devoient lui obtenir.

Rien n'est fait pour en donner une plus haute idée, que la considération et le respect dont il jouit dans cette Assemblée resplendissante des plus grands talens.

Il sembloit qu'au sein de ses discordes et au milieu des éclats de ses tempêtes, le don surnaturel de la plus puissante éloquence dut seul y faire un nom et y donner un empire.

Cependant, sans en avoir l'ambition, sans le briguer, sans parti et sans combats, M. Tronchet eut ce nom et cet empire; et loin de rien perdre sur ce grand théâtre de la renommée qu'il y apportoit, elle ne fit encore que s'étendre et s'agrandir.

Ce triomphe dû à la supériorité de sa raison, à l'éclat de ses lumières, lui fut assuré surtout par la sagesse avec laquelle il sut en faire usage.

M. Tronchet eut le très-grand mérite de ne vouloir être que ce qu'il étoit, et de juger que pour conserver toute sa réputation, il lui suffisoit de n'en pas chercher d'autre.

Jurisconsulte profond, Législateur éclairé, habile rédacteur; en même temps étranger aux factions, livré uniquement à son travail, avec la seule passion de le bien faire et le seul vœu d'être utile, M. Tronchet dut paroître un homme précieux; son mérite fut senti généralement, et il fut honoré de tous les partis.

« Messieurs, (disoit Mirabeau, présidant l'Assemblée) veuillez faire silence, » M. Tronchet parle, et il n'a pas autant » d'organe que de lumières. »

Cet homme sage et d'un esprit si juste étoit arrivé aux États-Généraux avec la connoissance des abus, mais avec le respect pour les lois et le Gouvernement; avec le désir des réformes, mais sans esprit révolutionnaire.

Au moment de la première explosion,

il manifesta fortement son opposition, lorsque la motion fut faite dans le Tiers-État de se constituer en Assemblée nationale; il vota contre cette mesure qui, en changeant le nom et le caractère de l'Assemblée, frappa l'ancienne constitution dans ses fondemens, et donna une direction toute nouvelle au Pouvoir.

Nous pouvons nous rappeler comment, lorsqu'on fut aux voix, M. Tronchet réunissant toutes ses forces, fit retentir la salle d'un *non* qui étonna l'Assemblée.

Mais, Messieurs, sa pénétration et son grand sens ne lui permirent pas de se faire long-temps illusion sur la force du mouvement imprimé à cette Assemblée, et sur la puissance qui l'entraînoit.

Il reconnut bientôt que la résistance étoit vaine, que les moyens du parti d'opposition étoient insuffisans, que le Gouvernement étoit trop foible pour arrêter ce torrent, qu'une résistance absolue fournissoit encore des armes aux partisans d'une révolution, et ne faisoit qu'en précipiter la marche.

Physiquement incapable des combats de la tribune, et dénué de moyens oratoires, il abandonna la lutte politique aux athlètes que l'Assemblée possédoit en grand nombre; il réserva ses forces pour les travaux des comités, et se livra particulièrement à ceux de la législation civile, où la science du droit étant indispensable, ses connoissances lui pouvoient donner plus d'avantage.

M. Tronchet défendit le terrein pied à pied, invoquant les principes, réclamant la justice, les appuyant de toute la force de sa logique et de l'autorité de sa doctrine; abandonnant à la fin, s'il ne pouvoit mieux faire, un point pour en conserver un autre, et faisant des concessions pour en obtenir.

Comme un pilote attaché au gouvernail pendant la tempête, et forcé de céder à sa violence, s'il ne peut faire que le vaisseau n'en soit pas maltraité, borne ses voeux et ses efforts à l'empêcher d'être englouti.

M. Tronchet ne put en cette partie même arrêter autant de mal, ni faire autant de bien qu'il auroit voulu; mais il s'y employa de tous ses moyens, et ce fut un succès extraordinaire dans ce temps d'exagération et de fureur, qu'il en sortit sans la haine de ceux-là même auxquels ses sentimens pouvoient être suspects, et que le respect qu'on lui portoit n'en fut point altéré.

Son attachement aux principes et sa persévérance à les défendre lui valurent d'être appelé, par Mirabeau, *le Nestor de l'Aristocratie*: mot qui exprime parfaitement comment, chez les plus fougueux, l'esprit de parti ne put se défendre d'une sorte de vénération pour lui.

M. Tronchet fut membre du Comité de Constitution, eut les honneurs de la présidence, concourut particulièrement aux travaux sur les successions, les testamens, les partages; sur l'ordre judiciciaire, sur les jurés, sur les droits féodaux, sur les redevances foncières; et si ses principes eussent été suivis, si les premières lois qu'il avoit fait décréter eussent été maintenues, on auroit vu des réformes au lieu de destructions, des réparations au lieu de ruines; la propriété n'eut pas été confondue avec l'usurpation, et la liberté des conventions avec l'abus de la puissance.

L'Assemblée Constituante termina sa session, et déclara *qu'elle remettoit le dépôt de la constitution à la fidélité du Corps Législatif, du Roi et des Juges, aux pères de famille, aux épouses et aux mères, à l'affection des jeunes citoyens, et au courage de tous les Français* : c'étoit une déclaration de sa foiblesse, et un avertissement qu'elle avoit besoin de secours; il eut mieux valu la mettre en état de se défendre elle-même.

M. Tronchet qui en apercevoit l'insuffisance, et qui en connoissoit les vices, qui cependant sentoit le danger d'y revenir dans la disposition où se trouvoient les esprits, vota pour que le droit de la réviser fût consacré, mais en même temps, pour que cette révision fut interdite pendant plusieurs législatures.

Vaines précautions, remèdes impuissans! Comment ceux qui avoient renversé une constitution, ouvrage de quatorze siècles, se seroient-ils sérieusement flattés que la charte qu'à la place ils remettoient à leurs successeurs, seroit par ceux-ci plus respectée ?

Délivré de ses fonctions, et prévoyant de nouveaux orages, M. Tronchet fut s'enfoncer dans la retraite; il fut à sa maison des champs retrouver, dans la culture des sciences et des lettres, les consolations et les distractions qui avoient charmé ses ennuis pendant le long exil de 1770.

Nous verrons quels furent les œuvres de cette retraite, et nous aurons lieu d'admirer, sous des rapports tous nouveaux, les dons particuliers d'un esprit dont la force étonne et dont la variété surprend.

M. Tronchet jouissoit à peine, depuis une année, des douceurs de ce loisir et d'autant de calme qu'en pouvoient permettre des temps aussi mauvais, lorsque les événemens les plus désastreux lui vinrent imposer le devoir le plus critique, et le plus douloureux des ministères.

Vous entendez, Messieurs, que je veux parler du procès de Louis XVI, mis en jugement par la Convention.

M. Tronchet fut choisi, par le plus malheureux des Princes, pour l'un de ses

3

défenseurs, et ce fut là qu'il lui fallut porter tout le poids de sa renommée.

Il n'hésita point, répondit qu'il acceptoit et qu'il se rendoit sur le champ à Paris.

En effet, il y courut se joindre à ses vertueux collègues; mais ce dévouement ne devoit servir qu'à lui faire envisager de plus près la plus étonnante et la plus lamentable des calamités de la nature humaine; ce qu'il y a de plus auguste dans le dernier état d'abaissement; le plus haut degré de la puissance et de la fortune tombé dans le dénûment de la plus effroyable adversité.

En vain la raison, l'éloquence, la vertu s'unirent dans un commun effort pour sauver le Monarque infortuné.

Inutiles talens! défense perdue! la France vit ce qu'elle croyoit impossible!....

Passons, Messieurs; ces souvenirs sont

trop difficiles!...... Ici les décrets de la Providence sont si rigoureux, que l'âme en est accablée et que l'esprit s'y confond. On s'abîme dans les profondeurs de cette Providence, qui dans cette catastrophe, dans ses causes et dans ses suites, permit la plus terrible des leçons qu'aient pu recevoir les peuples et les rois.

Pontifes des autels expiatoires! ministres saints, pieux évêques! offrez vos larmes au Dieu tout puissant, pour de si grands sacrifices. Offrez aussi des actions de grâces à ce Dieu, qui suscita l'homme fort, dont le bras a relevé la France abattue, et l'a fait sortir de ses ruines plus formidable et plus glorieuse que jamais.

M. Tronchet fut cacher sa consternation dans la retraite.

Mais bientôt les événemens se pressèrent; les derniers excès de la terreur et de l'anarchie en précipitèrent le terme, et la France commença de respirer; la nouvelle législature fut établie, et la représentation fut divisée en deux chambres. M. Tronchet, appelé par le voeu du Département de Seine et Oise, fut membre du Conseil des Anciens.

Pendant quatre années de ces nouvelles fonctions, il déploya le même zèle, continua de défendre les principes, s'attacha, comme dans l'Assemblée Constituante aux travaux de la législation civile, et vit payer la constance de son zèle par un respect profond et une considération sans bornes. Ses travaux à cette époque sont remarquables par ses discussions sur les lois relatives aux successions, aux légitimes, aux renonciations, aux successions futures; par la loi sur les domaines congéables de Bretagne; par son rapport sur les ascendans des émigrés, et sa discussion sur le régime hypothécaire.

Cependant l'état politique n'étoit point assis sur ses véritables bases; de nouvelles secousses et de nouveaux déchiremens le menaçoient encore de sa dissolution. Le 18 brumaire arriva! un nouveau Soleil se leva pour la France, et tout changea de face.

Les forces, les richesses et toutes les ressources de ce puissant Empire restées inertes et confuses dans le chaos révolutionnaire, se développèrent comme par enchantement : toutes les parties du Gouvernement furent recréées; les plus vastes desseins, les plus utiles entreprises furent exécutées aussitôt que conçues, et la Victoire fidèle au Génie fixa nos destins.

Dans cette régénération, un juste tribut étoit dû à M. Tronchet, et sa part glorieuse lui fut faite.

Le bienfait d'une loi uniforme étoit promis à la Nation; le Code en étoit attendu, depuis long-temps préparé, par un habile rédacteur, qui joignoit la sagesse à la science; Code toujours annoncé et jamais discuté.

Mais le Héros qui sait vaincre, sait aussi régner, et ne veut pas en vain. Cette grande oeuvre flatta son juste orgueil ; ce fut une de ses premières et de ses plus fortes résolutions, et l'exécution en fut ordonnée.

. . . . . . . . . . .

Un homme tel que M. Tronchet ne pouvoit manquer de fixer ses regards, et d'obtenir sa confiance. La tête forte, la volonté ferme et la conduite réfléchie du célèbre jurisconsulte et du savant législateur, convenoient à celui qui dût estimer dans les autres ce qu'il se sentoit en lui-même. Aussi M. Tronchet fut-il comblé des plus honorables égards et d'une faveur constante.

Une première commission fut créée pour la rédaction du code civil : M. Tronchet fut mis à la tête.

Un autre honneur non moins éclatant lui fut au même instant décerné ; la cour de Cassation l'élut pour son premier président.

La commission du code civil ayant été réformée, il la présida ainsi que la première. M. Tronchet étoit digne en effet d'attacher son nom à ce grand monument, à ce livre qui rend tant de livres superflus; à cette loi qui abolit tant de lois et détruit tant de sources de procès; à ce code, enfin, dont la seule pensée méritoit un éloge, dont l'exécution est une victoire, et dont l'expérience fera chaque jour mieux sentir le prix.

Dans les conférences du Conseil, dans ces savantes discussions, dont les procès-verbaux seront un immortel témoignage de la haute capacité de ceux qui les soutinrent, M. Tronchet a partout laissé l'empreinte de son talent et de sa science.

Enfin, la dernière couronne fut donnée à ce vertueux citoyen pour tant de travaux et de services rendus à la Patrie. Il fut porté au rang de Sénateur par le vœu unanime du Tribunat, du Corps Législatif et du Premier Consul, qui déclara lui donner le sien, comme au premier jurisconsulte de France.

En ce moment, Messieurs, arrivé au terme de la carrière que M. Tronchet a parcourue, vous croirez savoir tout ce qu'il valut, et le connoître tout entier.

Non, vous ignorez ce qu'il eut de plus extraordinaire.

Vous avez vu les travaux de l'homme public, payant sa dette à la Patrie; vous serez étonnés d'apprendre quels étoient ceux qu'il accordoit comme délassemens à son esprit, et que j'appellerai la vie privée de son génie.

M. Tronchet fut poëte, historien et philosophe: il cultiva les Muses; il sacrifia aux Grâces; il traduisit en vers plusieurs morceaux de Milton, de Thompson, de l'Arioste; le poëme de Prior, intitulé : . . . . . . . . . *the progress of spirit;* Il fit une tragédie de Caton d'Utique.

Apprendre que M. Tronchet fut un favori d'Apollon, qu'il s'est laissé aller aux flatteries des Muses, et qu'il eut des jouissances dans leurs illusions, c'est une découverte, pour ceux qui n'ayant pas vécu dans son intimité, ne l'ont connu que dans ses rapports publics, et ne l'ont vu, pour ainsi dire, qu'à l'extérieur.

Qui l'eût dit, que ce penseur si grave, ce raisonneur si mâle, sous des formes austères, et, il le faut avouer, rudes quelquefois, couvrit une âme sensible aux charmes de l'harmonie, et facile aux séductions du sentiment.

Il ne faut pas toujours juger de l'âme par son enveloppe, et du sentiment par les manières. Il est des cœurs concentrés qui tiennent leurs affections captives, et qui en sont d'autant plus pénétrés, qu'elles s'échappent moins au dehors.

Ce qui étonne davantage dans M. Tronchet, c'est la réunion dans le même esprit de dons si variés, et de facultés qui semblent si opposées : des jeux de l'imagination il passoit aux plus sérieuses méditations ; des légèretés de la poésie aux profondeurs de l'abstraction, et aux mystères de la politique : déjà dans un âge où le commun des hommes ne cherche que le repos, il voulut tout-à-coup être mathématicien ; et il apprit, et il sut les mathématiques.

Enfin, après avoir traduit l'histoire de Charles-Quint par Robertson, extrait celle d'Angleterre par Hume et par Barrow, il entreprit et il exécuta dans les deux dernières années de sa vie un grand ouvrage historique et politique ; le Tableau de l'établissement du Mahométisme, considéré comme religion, comme institution civile et comme Gouvernement politique.

Et ce qui est plus admirable encore, c'est qu'après avoir fait toutes ces choses, il les tint secrettes, ne s'en voulut point glorifier, et ne consentit jamais à en rien publier ; portant sans doute le sentiment rigoureux des convenances jusqu'à penser, qu'il seroit hors de son caractère, de sa profession ou de ses fonctions, de se produire comme auteur d'ouvrages étrangers à son état ; et la modestie jusqu'à croire, que ces ouvrages ne méritoient pas qu'on les rendît publics.

Nous remarquerons, Messieurs, avec quelque orgueil, que M. Tronchet nous offre dans plusieurs traits de son caractère et de sa vie, des ressemblances assez frappantes avec un illustre romain.

Caton l'ancien, disent les historiens, commença sa carrière par les exercices du Barreau, fut grand jurisconsulte, se rendit habile au maniement des affaires publiques et fut très-curieux des belles-lettres ; quoiqu'il ne s'y fût appliqué que dans un âge déjà fort avancé, il y fit de si grands progrès, qu'il étoit difficile de trouver aucune chose de la Grèce ou de l'Italie qu'il ignorât. Il avoit appris le grec d'Ennius, étant déjà vieux, et, sur la fin de sa vie, il composa sept livres sur l'histoire (*).

Si la nature mesuroit aux hommes la durée de la vie sur leurs vertus et sur la gloire de leurs œuvres, long-temps encore M. Tronchet eût existé pour le bien et pour l'honneur de son pays.

Mais lorsqu'il paroissoit jouir encore d'une vie pleine et parfaite, il fut atteint d'une maladie qui en peu de jours le mit au tombeau : il mourut le 10 mars 1806, ayant jusqu'au dernier moment conservé toute la vigueur de son esprit.

---

(*) « In omnibus rebus, singulari fuit prudentiâ et » industriâ : jurisconsultus et reipublicæ peritus, et cupi- » dissimus litterarum fuit; quarum studium etsi senior » arripuerat, tamen tantum in eis progressum fecit, » ut non facile reperire possis, neque de Græcis neque » de Italicis rebus, quod ei fuerit incognitum. Ab ado- » lescentiâ confecit orationes. Senex historias scribere » instituit, quarum sunt libri septem. »

CORNEL. NEPOS.

Ceux qui ont obtenu son amitié en ont connu tout le prix, et savent ce que valoit son cœur; mais il ne la sépara jamais de son estime : s'il n'en eut pas l'empressement et les effusions, il en eut la sincérité, la fidélité et la constance : il fut pour ses amis, serviable, dévoué, toujours vrai, toujours sûr.

Vous le savez, vous qui marchiez si dignement à ses côtés dans la carrière du Barreau, notre respectable Confrère M. Ferey; vous aussi, M. Poirier, qui eûtes sa confiance intime, et qui en avez reçu le témoignage le plus flatteur, dans l'acte de ses dernières dispositions.

L'hommage que nous lui rendons aujourd'hui n'est pas seulement le tribut de notre admiration, il doit être aussi celui de notre reconnoissance pour l'attachement qu'il nous a toujours conservé, et dont il se glorifioit.

Peu de temps avant sa mort il me faisoit l'honneur de m'écrire :

« Quoique mon âge et ma position » m'aient fait abandonner totalement » l'exercice de la noble profession à la- » quelle vous vous êtes voué, je me ferai » toujours une gloire d'un titre qui me » rapproche en esprit et de cœur de ceux » qui l'exercent avec honneur. »

Illustre et généreux Confrère ! puisque tu nous permettois encore ce nom ; reçois les témoignages de notre sensibilité ; entends aussi nos vœux : que ton exemple nous instruise, que tes principes nous guident, que tes succès nous encouragent, que ta mémoire nous protège ; et si ma voix a pu, quoique foiblement, exprimer nos respects et nos regrets, que ce soit le gage des sentimens qui nous animent tous, et d'un souvenir qui parmi nous ne périra jamais.

Et Vous, Monseigneur, qui, Magistrat,

Jurisconsulte, Législateur, Homme d'État, fûtes un si digne appréciateur des qualités de M. Tronchet; Vous qui l'honoriez et qui l'avez aimé; dont la présence ici est pour lui un éloge et pour nous une récompense; Vous, pour qui la bienveillance est un besoin, et faire le bien est un bonheur; témoin de nos regrets, soyez en même temps le dépositaire de nos vœux, et l'appui de nos espérances.

www.ingramcontent.com/pod-product-compliance
Ingram Content Group UK Ltd.
Pitfield, Milton Keynes, MK11 3LW, UK
UKHW021034180726
13838UKWH00004B/1801

9 782329 102306